PROJET

DE

RÈGLEMENT DU SERVICE DE SANTÉ

DANS LES HOPITAUX ET HOSPICES

DE MARSEILLE

PROPOSÉ

par le Corps Médico-Chirurgical des Hôpitaux

❦

MARSEILLE

IMPRIMERIE MARSEILLAISE

39, Rue Sainte, 39

1902

PROJET

DE

RÈGLEMENT DU SERVICE DE SANTÉ

DANS LES HOPITAUX ET HOSPICES

DE MARSEILLE

PROPOSÉ

par le Corps Médico-Chirurgical des Hôpitaux

———— ◆ ————

MARSEILLE

IMPRIMERIE MARSEILLAISE
39, Rue Sainte, 39

1902

PROJET

DE

RÈGLEMENT DU SERVICE DE SANTÉ

DANS LES HOPITAUX ET HOSPICES

DE MARSEILLE

TITRE I

PERSONNEL MÉDICAL

CHAPITRE PREMIER

Organisation du Personnel

ARTICLE PREMIER. — Le Service de santé dans les
hôpitaux et hospices est fait par :

Le corps médico-chirurgical des hôpitaux ;

Une maîtresse sage-femme ;

Des pharmaciens ;

Des élèves internes, titulaires et provisoires, en
médecine et en pharmacie ; des élèves externes ;

Un dentiste.

ART. 2. —. Le Corps médico-chirurgical des hôpitaux est constitué par des médecins, des chirurgiens et des accoucheurs nommés au concours et classés en titulaires, honoraires et adjoints. Parmi eux sont pris deux délégués pour les représenter auprès de la Commission administrative.

ART. 3. — Les titulaires exercent les fonctions de chefs de service.

ART. 4. — Les chefs de service après quinze ans d'exercice sont nommés médecins, chirurgiens ou accoucheurs honoraires.

Ils restent dans les cadres hospitaliers comme médecins consultants et ils peuvent être rappelés en activité, en cas de besoin (épidémie, mobilisation). Ils président les concours.

ART. 5. — Les médecins, chirurgiens et accoucheurs chefs de service sont suppléés, pendant leur absence, par des médecins, chirurgiens et accoucheurs adjoints des hôpitaux, dont les attributions seront déterminées ci-après.

ART. 6. — Les cadres du personnel médical sont fixés par la Commission administrative. L'ancienneté des membres du Corps médical est déterminée : pour les chefs de service, par le rang de nomination comme chefs de service ; pour les adjoints, par la date de leur nomination au concours. En médecine et en chirurgie, le nombre des adjoints est fixé de façon à ce qu'il soit égal à celui des chefs de service titulaires, plus un.

Le Service de la Maternité comporte seulement un chef de service et un adjoint.

ART. 7. — Le nombre des élèves attachés à chaque service est fixé par la Commission administrative, de manière à donner au moins : pour chaque chef de service, un élève·interne en médecine, un élève interne en pharmacie et des élèves externes en nombre variant proportionnellement avec celui des malades qui lui sont confiés, à savoir : un par salle de médecine, et deux par salle de chirurgie.

Un interne provisoire ou un externe sera désigné, en outre, pour les consultations externes.

ART. 8. — Les services spéciaux d'accouchements ne comportent pas d'interne en pharmacie. L'un des internes en pharmacie de l'établissement, spécialement désigné à cet effet, est chargé supplémentairement de la préparation et de la délivrance des médicaments nécessaires aux femmes en couches.

ART. 9. — Un pharmacien est attaché à chaque hôpital.

CHAPITRE II

Service des Chefs

ART. 10. — Les médecins, chirurgiens, accoucheurs et pharmaciens des hôpitaux sont nommés au concours.

ART. 11. — Les chefs de service titulaires ne sont pris que parmi les médecins, chirurgiens et accoucheurs adjoints des hôpitaux par ordre d'ancienneté au concours. Les chefs de service sont nommés par l'Administration pour une période de quinze années, d'après leur rang d'ancienneté comme adjoints.

ART. 12. — Leurs fonctions commencent toujours le 1er janvier ou le 1er juillet. En cas de vacance fortuite dans le cours du semestre, l'adjoint du service fait la suppléance jusqu'à la fin de ce semestre.

ART. 13. — Les chefs de service des hôpitaux et hos-

pices sont chargés des visites dans les salles qui leur
sont confiées. Ils choisissent leurs services par rang
d'ancienneté.

Art. 14. — Les visites des chefs de service dans les
hôpitaux et les hospices se font régulièrement tous les
jours. Elles devront être terminées à 10 heures et demie
du matin dans les salles

Art. 15. — Chaque chef de service fait tenir, par
l'un des élèves externes et par l'interne en pharmacie,
les cahiers de visite qui comprennent deux cahiers de
salles pour les prescriptions alimentaires et pharmaceutiques, et un cahier de pharmacie. L'externe tient les
deux cahiers de salle, un pour les jours pairs et l'autre
pour les jours impairs, afin que le chef puisse avoir sous
les yeux ses prescriptions de la veille. Les décès et sorties y sont également mentionnés.

L'interne en pharmacie tient le cahier de pharmacie.

Après la visite, les deux élèves collationnent leurs
cahiers au lit du malade, et le chef de service les signe.

Art. 16. — Après chaque visite, l'élève externe
adresse à l'Economat un relévé des prescriptions
alimentaires.

Art. 17. — Les négligences apportées dans la tenue
des cahiers et dans les relevés donneront lieu, selon la
gravité des fautes, à l'application de l'une des peines
disciplinaires prévues au chapitre VII.

Art. 18. — Les prescriptions que nécessiteraient les
maladies des employés ou gens de service logés dans
les hôpitaux seront faites par les chefs de service. Ces
prescriptions seront inscrites sur un bon spécial signé
par le chef.

Art. 19. — Les chirurgiens ou accoucheurs chefs de
service ou leurs adjoints doivent procéder par eux-

mêmes à toutes les opérations. Ils peuvent toutefois et par exception autoriser leurs internes : 1° à opérer en leur présence et sous leur surveillance ; 2° à faire en leur absence une opération déterminée sur un malade désigné. Cette dernière autorisation ne peut être donnée qu'aux seuls internes qui auront été appelés à bénéficier des dispositions de l'art. 6 de la loi du 30 novembre 1892 sur l'exercice de la médecine. En outre, avant de procéder à l'opération, l'interne doit toujours en prévenir l'Administrateur de service ou son représentant.

Art. 20. — En cas d'urgence pour les malades visités le matin ou entrés dans l'intervalle d'une visite à l'autre, et nécessitant la présence du chef, l'interne prévient le représentant de l'Administration qui fait appeler le chef de service ou, à son défaut, l'adjoint désigné.

Art. 21. — Les décès des hospitalisés devront toujours être constatés par le chef de service et, en son absence, par l'interne du service ou l'interne de garde.

Art. 22. — Les demandes de congé des chefs de service doivent être adressées à l'Administration.

Art. 23. — Les chefs de service ne peuvent se faire suppléer qu'en vertu d'un congé accordé par l'Administration. Toutefois, le chef de service dont l'absence ne devra pas dépasser quatre jours pourra se faire remplacer par son adjoint, après en avoir avisé l'Administrateur de service.

Art. 24. — L'indemnité allouée au chef de service est de 1.200 francs par an. Cette indemnité est acquise de droit au remplaçant pour tous les congés excédant quatre jours.

MÉDECINS, CHIRURGIENS OU ACCOUCHEURS ADJOINTS

ART. 25. — Les médecins, chirurgiens et accoucheurs des hôpitaux font fonction d'adjoints jusqu'à ce que des vacances soient déclarées parmi les titulaires des services hospitaliers.

ART. 26. — Les médecins et chirurgiens adjoints sont chargés :

1° De suppléer les médecins et chirurgiens, chefs de service dans les hôpitaux et hospices ;

2° D'assurer le service de la consultation dans les hôpitaux ;

3° De diriger les amphithéâtres d'autopsie, les laboratoires et l'arsenal de chirurgie ;

4° D'assurer le service des opérations d'urgence. Un roulement est établi entre eux pour assurer la permanence de ce service ;

5° L'adjoint de la Maternité concourt à l'enseignement des élèves sages-femmes.

ART. 27. — Chaque année, les médecins et chirurgiens adjoints choisissent, par ordre d'ancienneté, les services auxquels ils doivent être attachés dans l'année. Les médecins, chirurgiens ou accoucheurs adjoints ne peuvent être chargés de la suppléance d'un chef de service ou de la direction d'un service temporaire pendant une durée de plus de six mois consécutifs.

ART. 28. — L'adjoint d'un service ne pourra prendre de congé en même temps que le titulaire du service.

ART. 29. — Un adjoint ne peut prendre un congé excédant huit jours sans y être autorisé par l'Administration. Il devra assurer son service par une entente avec un de ses collègues. Dans ce cas l'indemnité allouée à l'adjoint est acquise à son remplaçant.

ART 30. — Tout médecin, chirurgien ou accoucheur chef de service, et tout médecin, chirurgien ou accoucheur adjoint des hôpitaux qui sera nommé professeur de clinique et chargé comme tel d'un service de clinique dans un hôpital, sera placé en disponibilité en conservant son titre acquis au concours. Il ne pourra être rappelé à l'activité que sur sa demande. Dans ce cas il reprend son rang de titulaire ou d'adjoint ; s'il est titulaire, il ne reprendra du service qu'à la première vacance, et le temps passé à la clinique lui sera compté dans ses quinze ans de titulariat.

ART. 31. — Il est établi entre les médecins et les chirurgiens adjoints un roulement pour assurer le service d'urgence. Ce service est quotidien ; il va du matin huit heures au lendemain même heure. La liste du roulement est établie chaque semestre et copie en est déposée à l'Hôtel-Dieu et à la Conception.

L'adjoint de service devra se rendre le plus tôt possible à l'hôpital désigné. Il lui est alloué une indemnité de voiture pour chaque appel d'urgence.

ART. 32. — Il est accordé aux adjoints une indemnité annuelle de 600 francs.

PHARMACIENS

ART. 33. — Un pharmacien est attaché à chaque hôpital dont l'importance nécessite cet emploi.

ART. 34. — Les pharmaciens des hôpitaux sont nommés au concours. La durée de leurs fonctions est illimitée.

ART. 35. — Les pharmaciens ne peuvent être choisis que parmi les membres reçus dans l'une des Ecoles de pharmacie de France, au titre de pharmacien de

1re classe ; ils doivent être français ou naturalisés et être âgés de 27 ans au moins.

ART. 36. — Aucun pharmacien des hôpitaux ne peut avoir de pharmacie en ville, ni faire le commerce des drogues simples ou composées ou de plantes médicinales, ni y être intéressé directement ou indirectement. Ils ne peuvent se livrer à l'exercice de la médecine. Il leur est également interdit d'avoir d'autres occupations que celles de l'enseignement officiel ou autorisé par l'Administration.

ART. 37. — Les pharmaciens des hôpitaux sont chargés dans leurs établissements respectifs de la préparation des médicaments et de leur distribution, ainsi que de leur comptabilité, le tout en conformité des instructions arrêtées par l'Administration.

ART. 38. — Les pharmaciens ont également la surveillance de la réserve des médicaments placés dans les salles. Ils doivent procéder, en présence de l'Administrateur de service, une fois par mois au moins, à l'inspection de ces réserves, à l'effet de s'assurer si tous ces médicaments ont fait l'objet de demandes collectives ou de bons spéciaux, et si toutes les précautions nécessaires pour éviter les chances d'erreur sont exactement observées. Un procès-verbal de chaque visite, signé par l'Administrateur et le pharmacien, est transmis à l'Administration.

ART. 39. — Les pharmaciens ne peuvent se faire suppléer qu'en vertu d'un congé accordé par l'Administration.

DENTISTE

Art. 40. — Le dentiste est choisi par la Commission administrative sur une liste de trois membres présentée par le Corps médico-chirurgical des hôpitaux.

Le dentiste à la consultation externe soigne les malades qui ont besoin de ses soins parmi les hospitalisés ou les employés de chaque hôpital. Il peut être appelé dans les salles pour examiner les malades désignés par les chefs de service. Les visites du dentiste dans les hôpitaux doivent avoir lieu dans la matinée aux heures des visites médicales.

CHAPITRE III

Concours

Art. 41. — Les concours sont annoncés quatre mois au moins à l'avance par des affiches apposées dans la ville, notamment dans les hôpitaux, à l'École de Médecine de Marseille, dans les Facultés, Écoles de Médecine et principaux hôpitaux de France.

Art. 42. — Tout concours affiché ne peut être ajourné qu'en cas de force majeure.

Art. 43. — Les concours auront lieu, autant que possible, dans le dernier trimestre de l'année. L'accès des hôpitaux est interdit aux candidats huit jours avant l'ouverture du concours.

Art. 44. — Les candidats qui désirent prendre part à un concours doivent se présenter au Secrétariat de l'Administration pour obtenir leur inscription, en dépo-

sant leurs pièces et signer un registre ouvert à cet effet
un mois à l'avance et clos quinze jours avant l'ouverture de ce concours. Les candidats absents de Marseille
ou empêchés devront demander leur inscription par
lettre recommandée. Aucune demande d'inscription
faite après l'époque fixée par les affiches pour la clôture
des listes ne pourra être accueillie.

ART. 45.— Les concours ont lieu devant la Commission administrative assistée d'un jury médical
composé de médecins, chirurgiens ou accoucheurs
des hôpitaux.

ART. 46. — Le jury de chaque concours est formé dès
que la liste des candidats a été close. Pour les concours
des prix de l'internat, le jury est formé dans la première quinzaine d'octobre de chaque année.

ART. 47. — Les membres du jury sont tirés au sort
douze jours au moins avant le concours. En cas de non-
acceptation pour raisons majeures, le membre du jury
devra en informer l'Administration dans les trois jours
qui suivent la désignation, pour qu'il soit pourvu à son
remplacement par un nouveau tirage au sort.

ART. 48.— Si, après connaissance du jury, des candidats ont à demander des récusations, ils adressent
immédiatement cette demande par écrit et cachetée au
Président de l'Administration. Si cinq jours avant l'ouverture du concours aucune demande de récusation n'a
été déposée, le jury est définitivement constitué et il ne
peut plus être reçu de réclamations.

ART. 49. — Dans le cas où les candidats proposent
des récusations, l'Administration, après avoir entendu
le juge intéressé, accepte ou rejette la demande de
récusation. Toute parenté entre un concurrent et l'un
des membres du jury est un cas de récusation d'office.

ART. 50. — Lorsqu'un membre du jury s'absentera pendant le concours, il sera remplacé :

1° Le président, par le plus ancien titulaire de sa variété (médecin ou chirurgien) ;

2° Un titulaire, par l'adjoint de sa variété ;

3° Quand un titulaire s'absentera pour une épreuve, il peut reprendre sa place, et le pointage par l'adjoint qui l'aura remplacé sera valable.

ART. 51. — Le nombre des places de médecin, de chirurgien, d'accoucheur et de pharmacien ne peut excéder deux pour chaque concours.

ART. 52. — Pour les médecins, chirurgiens ou accoucheurs des hôpitaux, les candidats auront à produire : 1° leur acte de naissance ; 2° leur diplôme de docteur ; 3° s'ils ne sont pas domiciliés à Marseille, un certificat de moralité récemment délivré par le Maire de leur résidence ; 4° les internes des villes où siègent des Facultés devront, en outre, déposer un certificat de bonne conduite délivré par l'Administration des différents hôpitaux où ils auront fait leur service d'interne ; 5° les candidats pourront déposer leurs titres scientifiques, manuscrits, imprimés et, s'il y a lieu, une note de leurs états de service. Ces documents seront soumis au jury.

ART. 53. — Les candidats devront avoir deux années de pratique comme docteur de l'une des Facultés de France, être de nationalité française, ou naturalisés depuis cinq ans au moins. Les deux années de pratique comme docteur ne sont pas exigées des anciens internes des hôpitaux de Marseille ou des villes où siège une Faculté.

ART. 54. — Dans les différents concours, le sujet de la composition écrite est le même pour tous les candidats. Il est tiré publiquement au sort entre cinq questions qui sont proposées par les juges et approuvées par eux après discussion avant l'ouverture de la séance. Les compositions doivent être rédigées en français et écrites de façon à pouvoir être lues par le jury. Pour les épreuves orales, la question sortie est la même pour ceux des candidats qui sont appelés dans la même séance. Elle est tirée au sort, approuvée et discutée, comme il est dit ci-dessus.

ART. 55. — Pour les épreuves cliniques, le jury choisit à l'avance les malades à examiner, dont il discute et arrête le diagnostic. Le jury dresse une liste qui ne désigne ces malades que par les noms des salles et les numéros des lits qu'ils occupent. Un numéro de cette liste est tiré au sort par chacun des concurrents qui doivent faire, en présence du jury, l'examen des malades ainsi indiqués.

ART. 56. — Les sujets d'opération ou de dissection sur le cadavre sont choisis à l'avance par le jury. Ils sont numérotés et tirés au sort, en sa présence, entre les concurrents. Ces sujets pourront ne pas être les mêmes pour tous les candidats.

ART. 57. — Tout candidat qui s'est servi, pour ses compositions, de livres ou de notes, ou qui, en lisant sa composition, en a changé le texte primitif est exclu du concours. Les compositions écrites sont recueillies et mises sous cachet ; elles sont lues publiquement par leurs auteurs, sous la surveillance de l'un des concurrents ou d'un membre du jury.

ART. 58. — A la fin de chaque séance, il est donné connaissance aux candidats des points qui leur sont attribués.

ART. 59. — Pour les concours de médecin, chirurgien,

accoucheûr et pharmacien des hôpitaux, la cote des titres et travaux scientifiques sera faite par le jury entre la première et la deuxième épreuve. Le maximum pour cette épreuve est de cinq points.

Art. 60. — Dans le cas où, à la suite du classement, deux ou plusieurs candidats se trouveraient *ex æquo* pour l'attribution d'une place, ces candidats seront appelés à subir une épreuve supplémentaire, consistant en une épreuve clinique ; au concours de l'Externat, cette épreuve portera sur la petite chirurgie.

Art. 61. — A la fin de chaque séance, le jury classe les concurrents à l'aide des points dont le maximum a été fixé pour chaque épreuve des différents concours.

CONCOURS DE MÉDECINS DES HOPITAUX

Art. 62. — Le jury des concours pour les places de médecins des hôpitaux se compose de :

Un président, médecin honoraire ;
Trois médecins titulaires ;
Un chirurgien titulaire ou accoucheur ;
Deux suppléants : un adjoint de médecine, un adjoint de chirurgie ou d'accouchement.

Art. 63. — Les épreuves de ce concours consistent en :

1° Une épreuve d'anatomie médicale et de physiologie ;

2° Une épreuve de pathologie médicale avec les applications thérapeutiques et hygiéniques qu'elle comporte ,

3° Examen clinique de trois malades, atteints de maladies médicales, choisis parmi ceux entrés dans les hôpitaux à partir du jour où l'accès des salles aura été interdit aux candidats ;

4° L'épreuve sur titres prévue à l'art. 59.

ART. 64. — La première épreuve est orale, après un temps de préparation à huis clos et sans livres, qui sera déterminé par le jury.

La seconde question est écrite. Les candidats auront cinq heures pour la traiter à huis clos et sans livres.

L'examen clinique des trois malades durera une heure au plus. Le compte-rendu des deux premiers malades se fait oralement après un temps de réflexion fixé par le jury. Celui du troisième fera l'objet d'une consultation écrite pour laquelle il sera accordé une heure de rédaction.

ART. 65. — Il est attribué, pour l'épreuve d'anatomie, un maximum de 20 points ; pour l'épreuve de pathologie, un maximum de 30 points ; pour l'épreuve de clinique, 30 points ; avec les 5 points prévus pour l'épreuve des titres, le maximum des points pour le concours entier est de 85 points.

CONCOURS DE CHIRURGIENS DES HOPITAUX

ART. 66. — Le jury des concours pour les places de chirurgiens des hôpitaux se compose de :

Un président, chirurgien honoraire ;

Trois chirurgiens titulaires ou accoucheurs ;

Un médecin titulaire ;

Deux adjoints, l'un chirurgien ou accoucheur, l'autre médecin.

ART. 67. — Les épreuves de ce concours sont réglées de la manière suivante :

1° Une épreuve d'anatomie descriptive ou d'anatomie topographique ;

2° Une épreuve de pathologie chirurgicale ;

3° Une épreuve de médecine opératoire comportant deux opérations à effectuer sur le cadavre ;

4° Examen clinique de trois malades atteints de maladies chirurgicales, choisis parmi ceux entrés dans les hôpitaux à partir du jour où l'accès des salles de malades a été interdit aux candidats ;

5° L'épreuve sur titres prévue à l'art. 59.

Art. 68. — La première épreuve est orale. Les questions données seront traitées après un temps de préparation à huis clos et sans livres. La durée de l'exposition sera déterminée par le jury.

La seconde épreuve est une épreuve écrite, pour laquelle cinq heures sont données à huis clos et sans livres.

Pour les épreuves opératoires, le temps sera déterminé par le jury.

Le temps accordé pour l'examen des trois malades ne devra pas dépasser une heure.

L'observation de deux de ces malades sera exposée oralement. La durée de l'exposé oral et celle du temps de réflexion seront fixées par le jury.

Le troisième malade fera l'objet d'une consultation écrite pour la rédaction de laquelle il sera accordé une heure.

Art. 69. — Les points accordés pour chaque épreuve seront pour l'anatomie, un maximum de 20 points ; pour la pathologie, un maximum de 30 ; pour la médecine opératoire, 30 ; pour la clinique, 30. Le total des points avec l'épreuve des titres, fixée à 5, sera donc de 115.

3

CONCOURS D'ACCOUCHEURS

Art. 70. — Le jury du concours pour les places d'accoucheurs des hôpitaux, se compose de :

Un président accoucheur ou, à défaut, un chirurgien consultant ;

Du chirurgien titulaire de la Maternité ;

Un chirurgien des hôpitaux ;

Deux médecins titulaires des hôpitaux ;

Deux suppléants : un de médecine, un de chirurgie.

Art. 71. — Les épreuves de ce concours seront réglées de la manière suivante :

1° Une épreuve orale d'anatomie et de physiologie se rapportant à l'obstétrique ;

2° Une question écrite d'obstétrique ;

3° Une épreuve comprenant deux opérations de chirurgie obstétricale sur le cadavre ou d'obstétrique sur le mannequin ;

4° Une épreuve clinique comprenant l'examen de trois femmes enceintes, en travail ou accouchées ; un des trois examens cliniques peut porter sur un nouveau-né ;

5° L'épreuve sur titres prévue à l'art. 59.

Art. 72. — Le temps accordé pour chaque épreuve est le même, pour ce concours, que pour celui du chirurgicat.

Pour les épreuves opératoires le temps sera déterminé par le jury.

L'examen des trois malades ne durera pas plus d'une heure. L'observation de deux de ces malades sera exposée oralement pendant le temps fixé par le jury. La troisième malade fera l'objet d'une consultation écrite pour la rédaction de laquelle il sera accordé une heure.

ART. 73. — Les points accordés pour chaque épreuve seront : pour la première, 20 points ; pour la deuxième, 30 points ; pour la troisième, 20 points ; pour la quatrième, 30 points.

Le total des points pour ce concours sera donc de 105 points, y compris l'épreuve des titres fixée à 5.

CONCOURS INTERNAT

ART. 74. — Le concours de l'internat a lieu tous les ans au mois d'octobre, pour permettre aux candidats appelés sous les drapeaux de prendre part à ce concours.

ART. 75. — Les candidats à l'internat devront se faire inscrire au Secrétariat de l'Administration et produire : 1º un certificat constatant qu'ils ont au moins huit inscriptions de médecine (nouveau régime) ; 2' un certificat constatant qu'ils ont fait un an de service actif dans un hôpital, comme externes ou comme stagiaires ; 3' un certificat de bonne vie et mœurs ; 4' un certificat de revaccination récente.

ART. 76. — Le jury du concours de l'internat se compose de : un président, médecin, chirurgien ou accoucheur honoraire ; deux chirurgiens et deux médecins titulaires ; un médecin et un chirurgien ou accoucheur adjoints.

ART. 77. — Les épreuves de ce concours comprennent :

1º Une épreuve de pathologie médicale et de pathologie chirurgicale ;

2° Une épreuve d'anatomie et de physiologie ;

3° Une épreuve de dissection ;

4° Rédaction de deux observations, l'une de médecine, l'autre de chirurgie ;

5° Trois questions dites de garde : chirurgie, médecine, accouchements.

Art. 78. — La première épreuve est une épreuve écrite. Elle est éliminatoire pour les candidats qui n'auraient pas obtenu le tiers plus un du maximum des points.

Art. 79. — L'épreuve d'anatomie et de physiologie est orale. Il est accordé dix minutes d'exposition, après un temps égal de réflexion à huis clos et sans livres.

Art. 80.— L'épreuve de dissection se fait à l'amphithéâtre d'anatomie. La durée de cette épreuve est déterminée par le jury qui peut demander aux candidats de rendre compte oralement de leur dissection.

Art. 81. — La quatrième épreuve est écrite. Dix minutes au maximum sont accordées pour l'examen de chaque malade. La rédaction de ces deux observations ne devra pas dépasser une heure.

Art. 82. — La cinquième épreuve est orale. Il est accordé dix minutes au maximum, pour traiter les trois questions, après un temps égal de réflexion à huis clos et sans livres.

Art. 83.—Il est accordé, pour chacune de ces épreuves, un maximum de 30 points pour la première ; 20 points pour la seconde ; 20 points pour la troisième ; 30 points pour la quatrième ; 30 points pour la cinquième.

CONCOURS EXTERNAT

ART. 84. — Le concours de l'externat a lieu tous les ans, le lundi qui suit la terminaison du concours de l'internat.

Art. 85. — Tout étudiant en médecine peut se présenter au concours pour les places d'élève externe. Il doit produire, en outre, à l'appui de son inscription : 1° un certificat justifiant qu'il a au moins une inscription au doctorat en médecine ; 2° un certificat de vaccination de date récente ; 3° un certificat de bonne vie et mœurs.

ART. 86. — Le jury de ce concours se compose de : un président, médecin, chirurgien ou accoucheur honoraire ; deux médecins titulaires ; deux chirurgiens titulaires, un médecin et un chirurgien ou accoucheur adjoints.

ART. 87. — Les épreuves de ce concours comprennent : 1° une question écrite de pathologie chirurgicale élémentaire ; 2° une question orale d'anatomie sur l'ostéologie, l'arthrologie ou la myologie ; 3° une épreuve pratique sur les pansements et la petite chirurgie.

ART. 88. — La première épreuve est éliminatoire et les candidats qui n'auront pas obtenu le tiers plus un du maximum ne pourront pas prendre part aux autres épreuves.

Pour la deuxième épreuve orale, il est accordé cinq minutes d'exposition après un temps égal de réflexion à huis clos et sans livres.

Pour la troisième épreuve, la durée sera déterminée par le jury.

Art. 89. — Il est accordé un maximum de 30 points pour la première épreuve, 20 points pour la seconde, 30 points pour la troisième.

CONCOURS DES MÉDAILLES (INTERNES)

Art. 90. — A la fin de chaque année, un concours pour deux médailles, l'une d'or, l'autre d'argent, à décerner par l'Administration, a lieu entre les internes de troisième année.

Art. 91. — Le jury pour le concours des médailles de fin d'année est composé de : 1° un président, médecin, chirurgien ou accoucheur consultant ; 2° deux juges médecins titulaires ; 3° deux juges, chirurgiens ou accoucheurs titulaires ; 4° deux suppléants : un médecin et un chirurgien ou accoucheur adjoints.

Art. 92. — Les épreuves de ce concours comprennent :

1° Un travail original sur un sujet laissé au choix du candidat.

Ce travail pourra être présenté manuscrit ou imprimé, mais il ne devra pas avoir été publié avant l'épreuve. Trente points sont accordés à cette épreuve ;

2° L'appréciation par le jury des travaux scientifiques et des états de service des candidats. Vingt points sont accordés à cette épreuve.

3° Une question écrite, tirée au sort en présence du jury, pour laquelle il est accordé cinq heures à huis clos et sans livres. Il sera extrait de l'urne une question de médecine, une de chirurgie, une d'accouchement entre lesquelles chaque candidat fera son choix suivant ses aptitudes. Trente points sont accordés pour cette épreuve.

CHAPITRE IV

Internes et Externes en Médecine
et en Pharmacie

ART. 93. — Les élèves internes titulaires et provisoires des hôpitaux de Marseille et les internes en pharmacie sont nommés au concours.

ART. 94. — Le nombre des places d'élèves internes
titulaires en médecine mises au concours est fixé par
l'Administration suivant les besoins des services. Mais
le nombre des places d'internes provisoires sera égal
au tiers du nombre total des internes titulaires des
hôpitaux.

ART. 95. — Les élèves internes sont nommés pour
quatre ans.

ART. 96. — Les élèves internes provisoires sont
nommés pour un an.

ART. 97. — La durée d'exercice des élèves internes
est prolongée, pendant une année supplémentaire, pour
ceux qui ont accompli l'année de service militaire, pour
exigée par la loi du 15 juillet 1889 sur le recrutement
de l'armée, après leur nomination, mais sous l'obliga-
tion de justifier, par un certificat régulier, de cette
année passée sous les drapeaux.

A l'expiration de l'année de service militaire, l'élève
interne rentre dans le service hospitalier et reprend son
rang dans sa promotion à la prochaine distribution des
services. En attendant, il prend le service du dernier
provisoire en fonction.

ART. 98. — Il y a incompatibilité entre le grade de docteur en médecine et les fonctions d'élève interne des hôpitaux de Marseille.

Les élèves internes qui obtiennent le titre de docteur en médecine sont considérés comme démissionnaires.

Une délibération du Conseil d'administration peut, seule, faire des exceptions pour terminer le semestre commencé.

ART. 99. — Les fonctions des élèves internes consistent :

1° A assister, pendant toute la durée des visites, les chefs de service auxquels ils sont attachés ;

2° A assister, pendant toute la durée des consultations externes, les chefs de service auxquels ils sont attachés, lorsque ces chefs sont chargés de ces consultations ;

3° A rédiger les observations des malades du service;

4° A faire, eux-mêmes, les autopsies autorisées par l'Administrateur de service, sur la demande du chef de service, en se conformant aux règles formulées par les délibérations de la Commission administrative ;

5° A faire les pansements importants et à surveiller ceux qui sont confiés aux élèves externes ;

6° A faire, obligatoirement et personnellement chaque jour, entre quatre et six heures, une visite générale des malades traités dans les services auxquels ils sont attachés ;

7° A visiter, une ou plusieurs fois, dans l'intervalle des visites, les malades qui leur sont indiqués par leurs chefs ;

8° A remplir les fonctions d'élève interne de garde, à leur tour et rang, d'après le roulement établi ;

9° A remplir les fonctions d'élève interne de porte, dans les conditions réglementaires (voir art. 106).

ART. 100. — Il est expressément défendu aux élèves internes de se faire remplacer, dans l'une quelconque de leurs attributions, par les élèves externes.

ART. 101.— Dans l'intervalle d'une visite à l'autre et en cas d'urgence nécessitant la présence d'un chef, l'interne devra prévenir le représentant de l'Administration qui fait appeler le chef de service ou, à son défaut, l'adjoint désigné. En attendant, l'interne devra veiller à ce que tout soit prêt pour une intervention.

En cas d'urgence extrême, l'interne pourra procéder à cette intervention après avoir pris l'avis des internes présents à l'hôpital et prévenu le représentant de l'Administration. Dans ce cas, il adressera à l'Administrateur de service un rapport indiquant les raisons de son intervention, rapport qui devra être contresigné par le chef de service.

ART. 102. — Dans tous les hôpitaux et dans les hospices, il y a toujours un élève interne de garde.

La garde est de vingt-quatre heures, de 8 heures du matin au lendemain 8 heures.

Les élèves internes sont tour à tour de garde ; ils ne peuvent modifier le roulement établi, sans l'autorisation de l'Administrateur de service.

Ils ne doivent pas quitter l'établissement pendant la durée de leur garde.

ART. 103. — Le service de la garde est fait, exclusivement, par les élèves internes titulaires ou provisoires ou les externes faisant fonction d'interne.

ART. 104. — L'élève interne, chargé de la garde, doit toujours indiquer exactement le lieu de l'hôpital où il se rend, lorsqu'il quitte la chambre qui lui est affectée;

de telle sorte qu'il puisse être promptement rejoint, dans le cas où sa présence serait réclamée dans un service.

Art. 105. — A défaut de l'élève interne du service, l'élève interne de garde interviendra dans les conditions prévues à l'article 101.

Art. 106. — En outre du service de garde, il est créé à l'Hôtel-Dieu et à la Conception un service de porte pour la réception des malades. L'interne de porte doit être à la disposition des malades, qui se présentent pour entrer à l'hôpital, de neuf heures du matin à midi. En dehors de ces heures de réception, les malades urgents sont reçus par l'interne de garde.

L'interne de porte aura aussi dans ses attributions, le service de vaccination des entrants, la surveillance du traitement des galeux et celle du service de l'hydrothérapie.

Art. 107. — L'interne de porte et celui de la Maternité ne sont pas compris dans le roulement du service de garde.

Art. 108. — Dans la première quinzaine des mois de juin et décembre, les élèves internes choisissent les services auxquels ils seront attachés pendant un semestre. Les services de maternité, des vénériens sont seuls trimestriels. Les internes de ces services complètent leur semestre comme internes de porte dans les deux hôpitaux.

Le choix se fait à l'ancienneté, par promotion et, dans chaque promotion, suivant le rang de classement. Le choix des élèves doit être ratifié par les chefs de service.

Art. 109. — Les élèves internes ne peuvent jamais être maintenus dans le service qu'ils quittent, à l'expiration d'un semestre ; mais, après un semestre ou davantage, après leur sortie de ce service, ils peuvent le choisir de nouveau, s'il n'est pas réclamé par un élève de leur promotion.

ART. 110. — Les élèves internes ne peuvent pas être obligés de faire deux semestres de suite dans les établissements hors de la ville.

ART. 111. — Il devra toujours y avoir un élève interne de troisième ou de quatrième année, parmi les élèves internes de l'hospice de Sainte-Marguerite.

ART. 112. — Les élèves internes sont subordonnés, sous le rapport du service de santé, à leurs chefs de service respectifs, sous le rapport administratif et de police intérieure, à l'Administrateur de service de chaque hôpital.

ART. 113. — Dans chaque hôpital le premier interne sert d'intermédiaire entre l'Administration et le Corps des élèves internes ou externes des hôpitaux de l'éta-. blissement. C'est à lui que l'Administration communique ses instructions ; il les transmet à ses collègues. C'est par lui que les demandes des internes et externes sont adressées à l'Administrateur de service et c'est lui qui est chargé de veiller au remplacement des externes titulaires et de contrôler le service des externes provisoires.

ART. 114. — Les suppléants des élèves internes sont pris parmi les élèves internes provisoires, désignés à la suite du concours annuel, et, à défaut, parmi les élèves externes.

Pour les élèves internes provisoires, la liste établie d'après le classement du concours, règle l'ordre dans lequel ils sont appelés.

ART. 115. — Les internes provisoires sont chargés

de suppléer les internes titulaires en cas d'absence. Durant le temps où ils n'ont pas de suppléance, ils sont attachés les uns au service des consultations et les autres comme internes supplémentaires dans les services de chirurgie. Ils reçoivent un traitement de 360 francs par an et ne sont nourris et logés que lorsqu'ils font un remplacement d'interne.

ART. 116. — Tout élève interne provisoire qui, désigné pour remplacer un élève interne, ne répond pas à cet appel, ne peut être l'objet d'une nouvelle désignation qu'après l'épuisement total de la liste des élèves internes provisoires. L'élève interne provisoire qui, après une deuxième désignation, n'accepte pas, hors le cas de maladie dûment justifiée, le poste assigné, est rayé de la liste des élèves internes provisoires.

ART. 117. — Les élèves internes sont logés, nourris, éclairés et chauffés dans les établissements auxquels ils sont attachés. L'autorisation de loger hors de l'hôpital ne pourra être accordée que dans des cas exceptionnels.

ART. 118. — Ils reçoivent, en outre, à titre de traitement annuel : la première année, 360 francs ; la deuxième année, 420 francs ; la troisième et la quatrième année, 480 francs.

ART. 119. — L'interne en congé ne reçoit aucun traitement. L'interne provisoire qui le remplace est payé pendant sa suppléance comme un interne de première année.

ART. 120. — Les élèves internes ne peuvent inviter à leur table, sans une autorisation préalable de l'Administrateur de service, que les élèves internes attachés aux autres établissements. Pour toutes autres invitations, ils doivent solliciter l'autorisation préalable de l'Administrateur de service.

ART. 121. — Les élèves en médecine et en pharmacie ne peuvent recevoir de femmes dans leurs chambres ou à leur table. Toute infraction à cette disposition est passible de l'une des peines prévues au règlement.

ART. 122. — Les réunions bruyantes de nature à troubler l'ordre ou le repos des malades sont formellement interdites. Les représentants de l'Administration font sortir les personnes étrangères qui troublent l'ordre et peuvent en outre leur interdire l'entrée de l'établissement.

ART. 123. — Les pénalités que les élèves internes peuvent encourir sont indiquées au chapitre VII.

ART. 124. — Les élèves internes et les élèves internes provisoires sont tenus de se conformer aux règlements actuels et à ceux que l'Administration pourrait établir.

ART. 125. — Les internes lauréats deviennent de droit premiers internes, l'un à l'Hôtel-Dieu, l'autre à la Conception, à leur choix, pour la quatrième année. De plus, ils ont la faculté d'obtenir le diplôme de docteur, pendant le cours de la quatrième année et de terminer cette quatrième année comme internes, malgré leur titre de docteur. Toutefois, ils prendront l'engagement de ne pas faire de clientèle. Ils sont chargés de faire les certificats d'urgence, tels que : rapports de police, accidents de travail, etc.

EXTERNES

ART. 126. — Les externes des hôpitaux sont nommés au concours. La durée des fonctions est de trois années.

ART. 127. — Les fonctions des externes consistent : 1° à assister, comme les élèves internes, pendant toute la durée des visites ou des consultations, les chefs au service desquels ils sont attachés ; 2° à tenir les cahiers de visite dans les formes prescrites ; 3° à faire, sous la surveillance des internes, les pansements qui leur sont confiés ; 4° à recueillir les observations qui leur seront demandées par les chefs ; 5° à monter la garde à tour de rôle, suivant l'ordre du tableau.

ART. 128. — Cette garde commence le matin à 8 heures et finit à 8 heures du soir. L'externe est logé et nourri à l'hôpital ce jour-là. Il reste sous l'autorité de l'interne de garde pour tous les besoins du service, qu'il ne pourra quitter sans autorisation de l'interne.

ART. 129. — Les externes reçoivent une indemnité de 300 francs par an.

ART. 130. — Les externes démissionnaires ou en congé sont remplacés par des élèves en médecine dans l'ordre suivant :

1° Sur la liste des candidats classés au concours de l'externat et non nommés ;

2° Sur la liste d'inscription chez le premier interne qui classe les postulants d'après le nombre d'inscriptions en médecine.

ART. 131. — Les pénalités applicables aux élèves externes sont prévues au chapitre VII.

ART. 132. — Chaque jour, avant la visite, tous les élèves de chaque service signent une feuille de présence qui est contresignée par le chef de service.

INTERNES EN PHARMACIE

ART. 133. — Les internes en pharmacie sont nommés au concours.

ART. 134. — La durée du service des internes en pharmacie est de trois ans, renouvelables pour une période égale, au gré de l'Administration. Ils reçoivent un traitement de 860 francs la première année ; 920 la deuxième ; 980 la troisième.

Art. 135. — Les internes en pharmacie suivent toutes les visites des chefs de service de médecine auxquels ils sont attachés. Un interne en pharmacie est affecté dans chaque hôpital aux services chirurgicaux. Il ne suit pas la visite des chirurgiens, mais se tient à leur disposition. Il est chargé de relever dans chaque service, sur le cahier de l'externe, les médicaments prescrits pendant chaque visite en chirurgie.

Art. 136. — L'interne en pharmacie doit suivre la visite de l'interne en médecine, lorsque ce dernier fait la visite en l'absence de son chef empêché.

Art. 137. — Les internes en pharmacie tiennent dans les formes prescrites le cahier de pharmacie. Ils préparent, immédiatement après la visite, les médicaments sous la responsabilité du pharmacien et font les analyses médicales prescrites dans le service. Ils distribuent au lit du malade, avec le concours des surveillants ou surveillantes, les médicaments non dangereux. Ils laissent aux mains des surveillants ou surveillantes les médicaments dont l'emploi présente quelque danger, avec indication écrite de leur mode d'administration. Les surveillants ou surveillantes font prendre à la pharmacie les médicaments prescrits dans l'intervalle des visites et en assurent la distribution.

Art. 138. — Les internes en pharmacie sont de garde à tour de rôle pendant vingt-quatre heures. Le service de garde est établi par un roulement réglé par les soins du pharmacien. L'interne en pharmacie de garde est nourri et logé à l'hôpital pendant toute la durée de sa garde.

ART. 139. — Les internes en pharmacie ne peuvent avoir de pharmacie en ville, ni faire le commerce de plantes médicinales.

ART. 140. — Les peines disciplinaires pour les internes en pharmacie sont les mêmes que pour les internes en médecine (voir chapitre VII).

CONGÉ

ART. 141. — Aucun congé n'est accordé aux élèves que par décision de l'Administration et avec l'assentiment du chef de service. La demande visée par le chef de service est transmise à l'Administration qui décide.

Les congés ne seront accordés aux internes titulaires qu'autant qu'il se trouvera des internes provisoires disponibles pour les remplacer.

Dans aucun cas, il ne pourra être accordé de congé simultanément à plus d'un tiers des internes titulaires dans un même hôpital.

La durée des congés accordés aux élèves ne peut, sauf les cas dûment justifiés, excéder un mois dans le cours d'une même année.

Tout interne titulaire ou provisoire en fonctions ne pourra lui-même obtenir de congé que huit jours au moins après le départ du chef de service ou de l'adjoint en fonction.

Les externes titulaires d'un même service ne pourront prendre un congé en même temps :

Les internes provisoires ne pourront obtenir de congé que dans les limites des nécessités.

ART. 142. — Tout élève qui, à l'expiration de son congé, n'a pas repris ses fonctions est considéré comme démissionnaire s'il n'a pas justifié en temps utile des causes de son absence.

CHAPITRE V

Règlement spécial au service de la Maternité

SERVICE DE SANTÉ DE LA MATERNITÉ

Art. 143. — La section de la Maternité reçoit :

1° Des femmes enceintes ;

2° Des nourrices internes ;

3° Dans cette section est établie une école d'accouchements où sont admises des élèves sages-femmes.

DISPOSITIONS GÉNÉRALES

Art. 144. — Le service de santé de la Maternité est confié à un accoucheur ou chirurgien chef de service, suppléé par un accoucheur ou chirurgien adjoint.

Une maîtresse sage-femme avec les élèves sages-femmes admises dans l'établissement concourent à ce service.

En cas d'urgence, dans l'intervalle des visites du chirurgien en chef ou de son adjoint, notamment la nuit, un interne désigné spécialement prend part également au service.

Le service des nourrices est confié à un médecin des hôpitaux, chef du service des enfants.

Art. 145.— Le chirurgien en chef et le chirurgien adjoint sont nommés au concours avec les mêmes formes et dans les mêmes conditions que les autres membres du corps médico-chirurgical des hôpitaux.

La maîtresse sage-femme est nommée par la Commission administrative des hôpitaux, après un concours devant un jury médical.

L'interne désigné pour le service de la Maternité est en même temps chargé du service de la clinique obstétricale.

ADMISSION, TRAITEMENT ET SORTIE DES FEMMES ENCEINTES OU ACCOUCHÉES

ART. 146.— Les femmes enceintes ne sont admises que dans le neuvième mois de leur grossesse, à moins que celle-ci ne soit troublée par quelque complication pathologique.

Elles doivent justifier de leur résidence habituelle dans le département des Bouches-du-Rhône, et de leur état d'indigence.

Toutefois, aucune de ces deux conditions n'est exigée lorsqu'elles sont en péril d'accouchement.

Elles ne le sont pas non plus lorsqu'elles sont admises comme pensionnaires.

L'admission est prononcée par l'Administrateur de service ou le Directeur de l'hôpital sur l'avis de la maîtresse sage-femme représentant le chef de service. Dans les cas urgents la maîtresse sage-femme prononce l'admission et en rend compte à l'Administrateur de service ou au Directeur de l'hôpital.

ART. 147.—A moins que l'état de leur santé ou d'autres circonstances particulières ne s'y opposent, ces femmes sont tenues d'allaiter les enfants auxquels elles ont donné le jour, et de les emmener à leur sortie de l'établissement.

ART. 148.— Quant aux enfants que leurs mères ne peuvent emmener, il est pourvu aux soins à leur donner conformément à l'arrêté préfectoral du 15 mai 1862, sauf plus récent, sur les enfants assistés.

ART. 149. — Les dispositions des articles relatifs aux sorties des malades sont applicables aux femmes accouchées, lorsqu'elles ne sont pas conservées comme nourrices.

ART. 150.— Les femmes enceintes peuvent être visitées par leurs parents, les jeudis et dimanches, aux heures réglementaires.

Ces visites ne sont jamais autorisées dans les salles, et les personnes du sexe mâle n'y sont pas admises.

Toutefois, les femmes mariées y peuvent recevoir leurs maris.

ART. 151. — Les femmes accouchées ne reçoivent pas de visites pendant toute la durée de leur traitement. Les parents pourront cependant, avec l'autorisation du chirurgien chef de service, voir, dans les chambres particulières, celles que leur état plus sérieux y aura fait mettre.

NOURRICES

ART. 152. — Les nourrices internes sont choisies, autant que possible, parmi les femmes accouchées à la Maternité.

Les enfants auxquels elles ont donné le jour peuvent être admis provisoirement au nombre des enfants assistés, et leur sont rendus à leur sortie.

En cas d'insuffisance du nombre des femmes accouchées admises à l'allaitement, des nourrices internes peuvent être prises en dehors de l'établissement.

Les nourrices internes devront être agréées par le chirurgien de la Maternité ou le médecin titulaire chargé du service.

Elles sortent de l'établissement dès qu'elles sont reconnues impropres à l'allaitement.

ÉCOLE D'ACCOUCHEMENTS

ART. 153. — Une école d'accouchements est établie à l'hospice de la Maternité.

Cette école a pour objet de former des sages-femmes.

Conformément au décret du 25 juillet 1893, seul applicable depuis le 1er octobre 1895, l'enseignement des sages-femmes a une durée uniforme de deux années. Il comprend l'enseignement de la théorie et de la pratique des accouchements, la pratique de la vaccination, et, pour les élèves de première année, l'étude de l'anatomie, de la physiologie et de la pathologie élémentaire.

ART. 154. — Les élèves doivent réunir les conditions suivantes :

1° Être âgées de 18 ans révolus et ne pas excéder 35 ans ;

2° Être de bonne vie et mœurs ;

3° Remplir les conditions exigées par les règlements universitaires, pour aspirer au grade de sage-femme de seconde classe au moins.

ART. 155. — Les conditions exigées par l'article précédent sont constatées par le dépôt, au Secrétariat de la Commission administrative des hospices :

1° De l'acte de naissance des élèves ; si elles sont mariées ou veuves, de l'acte de leur mariage ou de l'acte de décès de leur mari ;

2° D'un certificat de moralité délivré par le Maire de la commune de leur résidence, depuis moins d'un mois ;

3° D'un certificat constatant leur inscription régulière sur les registres de l'Ecole de Médecine.

Les élèves mineures ou mariées doivent produire, de plus, le consentement de leur père, mère, tuteur ou mari.

ART. 156. — L'année scolaire commence le 1er novembre et finit le 31 juillet.

C'est à cette dernière époque qu'ont lieu les examens et la distribution des prix.

ART. 157. — Les élèves admises à la Maternité pour y suivre le cours d'accouchements y sont entretenues à leurs frais ou aux frais des départements ou communes qui les y envoient.

ART. 158. — Elles sont logées, nourries, éclairées, chauffées en commun, fournies de linge de lit et de table, et blanchies dans l'établissement au moyen d'une pension annuelle de 450 francs, payable par semestre et d'avance entre les mains du Receveur des hospices.

Celles qui sont entretenues aux frais de leur commune ou de leur département doivent produire l'arrêté de leur nomination comme boursières.

ART. 159. — Au commencement de chaque année scolaire, l'Administration des hospices accorde un certain nombre de bourses qui sont données aux élèves les plus méritantes, désignées par un concours, en présence du représentant de l'Administration et devant un jury composé du chirurgien en chef, du chirurgien adjoint de la Maternité, d'un ou deux médecins ou pharmaciens désignés par l'Administration.

Elles sont interrogées sur la zoologie, la botanique,

la physique et la chimie très élémentaire du cours supérieur des écoles primaires.

ART. 160. — Les élèves sages-femmes qui désirent bénéficier de ces dispositions bienveillantes n'ont d'autre formalité à remplir que leur inscription au Secrétariat de l'Administration, dès la rentrée de l'Ecole et avant l'ouverture des cours.

ART. 161. — Indépendamment de leur pension annuelle, les élèves devront se pourvoir des livres classiques et des instruments qui leur seront indiqués par le professeur d'accouchements.

ENSEIGNEMENT

ART. 162. — L'enseignement des élèves sages-femmes est confié :

A un professeur ;

A un professeur adjoint ;

A une maîtresse sage-femme.

ART. 163. — Les fonctions de professeur et de professeur adjoint sont remplies par le chirurgien titulaire et le chirurgien adjoint à la Maternité.

ART. 164. — La maîtresse sage-femme doit consacrer tout son temps au service de la Maternité et de l'Ecole.

Elle n'est pas autorisée à faire des accouchements en dehors de l'établissement et ne doit point avoir de clientèle.

ART. 165. — Le professeur, chirurgien en chef, a la direction de l'enseignement. Il fait deux leçons par semaine sur les principes de l'art des accouchements.

Le professeur, chirurgien adjoint, concourt à cet enseignement ; il fait également deux leçons par semaine sur l'anatomie, la physiologie, la pathologie élémentaire, plus particulièrement destinées aux élèves de première année.

ART. 166. — La maîtresse sage-femme fait aussi, chaque jour, une leçon théorique dans l'ordre et sur les matières indiquées par le professeur.

Indépendamment des leçons théoriques et élémentaires, les élèves sont exercées à la pratique des accouchements par la maîtresse sage-femme.

DEVOIRS QUE LES ÉLÈVES ONT A REMPLIR ENVERS LES FEMMES ACCOUCHÉES

ART. 167. — Toutes les élèves concourent au service des accouchements qui se font dans l'établissement. Elles sont admises dans ce but auprès de chaque femme en travail, associées deux à deux, une élève ancienne de deuxième année avec une nouvelle de première année.

ART. 168. — Ces élèves, désignées par leur tour par la maîtresse sage-femme, opèrent sous sa direction et sa responsabilité. Elles ne peuvent quitter les femmes accouchées que deux heures après la délivrance. L'une d'elles reste constamment auprès de l'accouchée pour veiller aux accidents qui peuvent survenir et faire appeler à propos la maîtresse sage-femme. L'autre élève est chargée plus spécialement de donner ses soins à l'enfant nouveau-né.

ART. 169. — Tous les jours et toutes les nuits, une élève est de garde dans la salle des femmes accouchées. Chacune des élèves est appelée à son tour à faire ce service, établi par un état de roulement arrêté par la maîtresse sage-femme.

ART. 170. — Les élèves sont tenues de visiter les accouchées trois fois par jour, afin d'observer tout ce que présente l'état ordinaire des couches, d'en faire part à la maîtresse sage-femme et au chirurgien, lors de leurs visites respectives, et de rédiger avec exactitude les bulletins de clinique.

Elles exercent la même surveillance et la même sollicitude à l'égard des nouveau-nés, dont les soins leur incombent.

Elles prennent les températures des accouchées, le poids des enfants et, enfin, elles rédigent l'observation détaillée et complète de tous les accouchements qui ont lieu dans l'hospice. Ces observations, revues par la maîtresse sage-femme et le professeur, sont ensuite conservées aux archives.

ART. 171. — Les prescriptions pharmaceutiques et les aliments ordonnés, en dehors de ceux du régime alimentaire de la population valide, sont inscrits sur un cahier de visite tenu par une élève sous la surveillance de la maîtresse sage-femme, dans la forme indiquée à l'art. 15.

ART. 172. — Les élèves assurent enfin le service de la vaccination des nouveau-nés, et, lorsqu'il y a lieu, de la revaccination des femmes enceintes.

Chaque élève vaccinera, par ordre de numéro, sous la direction de l'interne en médecine et en présence de la surveillante.

ART. 173. — Ce service de la vaccination est placé du reste dans les attributions du chirurgien de la Maternité.

EXAMENS. — DISTRIBUTION DES PRIX

ART. 174. — A la fin de chaque année scolaire les élèves sont examinées, en présence de l'Administration des hospices, par un jury composé du professeur d'accouchements, du professeur adjoint, et de trois autres membres du Corps médical des hôpitaux.

ART. 175. — Les membres du jury interrogent, tour à tour, chaque élève, sur les matières enseignées à l'École d'accouchements et suivant l'année à laquelle elle appartient. Ils tiennent séparément des notes sur leur capacité.

ART. 176. — L'examen terminé, les membres du jury, après en avoir délibéré entre eux, consignent leur décision dans un procès-verbal.

ART. 177. — Il est délivré aux élèves des certificats, constatant le résultat de l'examen, le temps de leurs études, la conduite qu'elles ont tenue dans l'École et les prix qu'elles ont remportés.

Ces certificats sont délivrés sans frais, signés par le professeur et la maîtresse sage-femme et visés par l'Administration des hospices.

ART. 178. — A la suite des examens un concours est ouvert séance tenante, entre les élèves les plus instruites pour la distribution des prix.

Ces prix consistent en un premier prix, un second prix, attribués aux élèves de deuxième année. Un prix de vigilance clinique est ensuite attribué sur la désignation du professeur et de la maîtresse sage-femme à l'élève qui s'est fait remarquer, au cours de ses deux années, par son assiduité et son dévouement auprès des accouchées et de leurs nouveaux-nés. Un prix d'encouragement est réservé à l'élève de première année que le jury aura classée en première ligne.

ART. 179. — Les élèves sont placées sous la direction et la surveillance de la maîtresse sage-femme, non seulement pour ce qui concerne les études et le service de santé, mais encore pour ce qui est relatif au maintien du bon ordre, à la police et à la bonne tenue de l'établissement.

La maîtresse sage-femme est elle-même placée sous l'autorité technique du professeur chirurgien en chef et sous l'autorité administrative du Directeur de l'hospice.

ART. 180. — Pendant leur séjour à l'École les élèves ne peuvent sortir de l'établissement, à moins qu'elles ne soient demandées par leur père et mère, leur tuteur, ou, celles qui sont mariées, par leur mari.

ART. 181. — La permission est accordée une fois par mois par l'Administration ou son représentant le directeur, sur l'avis signé du chirurgien en chef, du chirurgien adjoint suppléant le chirurgien en chef ou, en cas d'urgence, de la maîtresse sage-femme.

Les élèves sorties en permission doivent rentrer dans la journée, à moins d'empêchement dont l'appréciation appartient à l'Administration.

ART. 182. — L'entrée dans le local de la Maternité est interdite à toutes les personnes étrangères au service hospitalier.

ART. 183. — Les élèves ne peuvent recevoir leurs parents et amis qu'au parloir. Elles ne pourront recevoir de visites que deux fois par semaine, de 1 heure à 2 heures, les jeudis et dimanches.

ART. 184. — Aucune élève ne doit quitter la femme en couches près de laquelle elle aura été placée, pour se rendre au parloir.

ART. 185. — Les élèves se lèvent le matin à 6 heures et se couchent le soir à 9 heures. L'agent de surveillance a la police du dortoir.

ART. 186. — Elles prennent leurs repas avec la maîtresse sage-femme qui préside la table et y maintient le bon ordre.

ART. 187. — Les punitions qui peuvent être infligées selon la gravité des fautes sont :

1° La privation du parloir ;

2° La privation de la faculté de sortir ;

3° Le renvoi de l'école.

La privation d'un à trente jours de parloir, d'un jour de sortie, peut être infligée par le Directeur, le professeur ou la maîtresse sage-femme.

Les punitions plus fortes ne peuvent être prononcées que par l'Administration.

CHAPITRE VII

Peines disciplinaires

ART. 188. — La Commission administrative peut prononcer contre le personnel de santé les peines disciplinaires suivantes :

1° La réprimande ;

2° La suspension temporaire ;

3° La révocation.

ART. 189. — La suspension et la révocation sont

prononcées par le Conseil d'Administration, l'élève entendu. En ce qui concerne les médecins et chirurgiens, la révocation a lieu conformément à l'article 14 de la loi du 8 août 1881.

ART. 190. — Les élèves en médecine et en pharmacie sont de plus punis suivant les circonstances :

1° De un à huit jours de consigne hors de leur tour de garde par l'Administrateur de service ou par les médecins, chirurgiens et accoucheurs. Lorsque la consigne dépassera deux jours, il sera procédé à une enquête par l'Administrateur de service ;

2° D'une retenue des appointements de 15 jours à 3 mois.

Les peines infligées aux élèves sont affichées à la porte de l'hôpital, à moins de dispense expresse de l'Administration.

ART. 191. — Les élèves qui sont punis en récidive perdent leur rang d'inscription et sont classés à la suite des autres.

TITRE II

SERVICE DU MALADE — RÉGIME ALIMENTAIRE
SERVICES SPÉCIAUX

CHAPITRE PREMIER

Admission des Malades

ENTRÉES — DISCIPLINE DE LA SALLE — DÉSINFECTION,
A L'ENTRÉE ET A LA SORTIE — SORTIES ET DÉCÈS

ART. 192. — Les malades qui demandent leur admission dans les hôpitaux doivent justifier de leur qualité d'indigents, par un certificat délivré par le Commissaire de police de leur quartier ou le Commissaire central.

ART. 193. — L'admission des malades est prononcée par l'Administrateur de service ou son représentant, sur le certificat d'un chef de service ou des élèves chargés de la réception. Dans le cas d'urgence, l'admission peut être accordée sur la présentation d'un certificat de l'autorité compétente attestant que le malade est indigent et qu'il est tombé malade dans la commune de Marseille.

ART. 194. — La réception des malades se fait dans chaque hôpital, Hôtel-Dieu et Conception, de 9 heures à midi, par l'interne de porte. Cette heure passée, les malades urgents, seuls, sont admis par l'interne de garde.

ART. 195. — Les hôpitaux et hospices peuvent recevoir des malades pensionnaires. Le prix de la pension est déterminé par un règlement spécial. Ces malades sont admis dans les salles communes et les chambres particulières. Des modifications au tarif peuvent être accordées par l'Administration à des marins de commerce qui justifient de leur état de détresse.

ART. 196. — Les malades indigents des autres communes sont admis aux conditions de la loi du 7 août 1851, des arrêtés préfectoraux des 8 novembre 1852 et 6 janvier 1857 et de la loi sur l'assistance médicale.

ART. 197. — Une consultation spéciale pour l'admission des malades vénériens des deux sexes est établie à l'hôpital de la Conception. Cette consultation a lieu trois fois par semaine.

ART. 198. — Les femmes vénériennes soumises à la surveillance de la police sont admises sur la production d'un billet délivré par cette Administration.

ART. 199. — Les malades militaires et les malades prisonniers sont reçus sur l'ordre des autorités compétentes.

ART. 200. — Le certificat médical pour l'admission à l'hôpital de Sainte-Marguerite, vieillards et infirmes, est établi à l'Hôtel-Dieu par le médecin désigné à cet effet.

ART. 201. — L'admission des femmes à la Maternité et à la clinique obstétricale est prononcée par le chef de service ou la maîtresse sage-femme, pendant le neuvième mois de la grossesse ou avant, suivant les indications spéciales (voir chapitre V).

ART. 202. — Les pensionnaires sont reçus directement par les représentants de l'Administration, sur la production d'une garantie de leur pension et du certificat médical d'admission établi par le chef de service ou par l'interne.

ART. 203. — Les malades reconnus atteints de gale ou de teigne non compliquée ne sont pas, en principe, admis dans les salles des hôpitaux. Ils sont dirigés sur les consultations externes, où une décision est prise à leur égard.

ART. 204. — Tout malade admis à l'hôpital sera vacciné, sauf contre-indication établie par le chef de service.

ART. 205. — Les vêtements de tout malade entrant seront portés à la désinfection dès que le malade sera couché, et gardés dans un vestiaire spécial jusqu'au jour de la sortie.

ART. 206. — Les malades entrés dans la matinée sont visités avant midi par l'interne de garde, pour recevoir le régime alimentaire et la prescription que comporte leur état. Un relevé spécial sera fait par l'interne de garde et adressé à l'Economat et à la Pharmacie.

ART. 207. — Les médecins et chirurgiens dressent, sur la demande de l'Administration, un rapport constatant l'état des malades qui séjournent plus de trois mois dans les hôpitaux, et sur les causes qui nécessitent leur maintien dans ces établissements. Les malades reconnus incurables ne doivent pas être maintenus dans les hôpitaux.

ART. 208. — Chaque médecin ou chirurgien est tenu de signaler immédiatement à l'Administration les cas de maladies épidémiques qui peuvent se déclarer dans son service.

ART. 209. — Tout malade qui se sera livré à des actes d'immoralité ou d'insubordination (voies de fait, tapage, grossièretés envers le personnel ou les hospitalisés, etc.) sera renvoyé de l'hôpital. L'exclusion sera prononcée par le chef de service ou par le Directeur, après avis médical.

ART. 210. — Les médecins ou chirurgiens signalent les malades qui sont guéris. Ils ont seuls la signature de l'exeat, et le Directeur tient la main à ce que la sortie de ces malades soit effectuée sans retard.

ART. 211. — Pour les malades militaires, les filles publiques et les prisonniers, l'exeat est signalé par l'Administration à l'autorité qui a requis l'admission.

ART. 212. — Le malade reconnu atteint d'aliénation mentale fait l'objet d'un rapport à l'Administration par le chef du service, en vue du transfert d'urgence de ce malade dans un asile spécial.

ART. 213. — Lorsque le chef de service se trouvera en présence d'un cas nécessitant une enquête médico-légale, il signalera le cas, s'il n'est pas tenu par le secret professionel, par un rapport à l'Administration.

ART. 214. — Les décès sont constatés par le chef de service ou, à son défaut, par l'interne du service ; en son absence, par l'interne de garde. Lorsque c'est un interne qui constate le décès, il établit le billet dont la signature est réservée au chef de service.

ART. 215. — Toutes les fois qu'il n'est pas fait opposition par la famille à l'ouverture du corps d'un décédé, l'autopsie est accordée de droit au médecin ou au chirurgien, chef de service. Un registre spécial est déposé sur le bureau du représentant de l'Administration ; le chef de service inscrit la demande et signe.

ART. 216. — Malgré l'opposition de la famille, le

chef de service sera autorisé par l'Administrateur de service ou son représentant à procéder à l'autopsie dans l'un des deux cas prévus par la loi : 1° intérêt de l'hygiène publique ; 2° intérêt supérieur de la science.

ART. 217. — Lorsqu'un chef de service invoquera un de ces articles pour pratiquer une autopsie malgré l'opposition de la famille, il sera tenu : 1° d'indiquer le motif sur une demande écrite qu'il adressera à l'Administrateur de service ; 2° d'indiquer l'heure à laquelle il sera procédé à cette autopsie; 3° d'y procéder lui-même; 4° de ne quitter l'amphithéâtre que lorsque le corps de l'autopsié aura été remis en état d'être reçu par la famille ; 5° de faire parvenir à l'Administration le résultat de son observation lorsque l'hygiène publique a été invoquée comme motif de l'urgence.

ART. 218. — Après chaque sortie ou décès, tous les objets de literie, vêtements, ou autres ayant servi au malade mort seront soumis à une désinfection complète et spéciale, suivant la nature de la maladie et de l'objet.

CHAPITRE II

Consultations

ART. 219. — Il est donné des consultations gratuites dans les hôpitaux et hospices de Marseille. Les malades doivent se présenter à ces consultations munis d'un certificat d'indigence délivré par le Commissaire de police de leur quartier.

ART. 220. — A l'Hôtel-Dieu, il y a tous les jours, sauf le dimanche et les jours fériés, une consultation do médecine et une de chirurgie. Ces consultations commencent à 8 heures et demie du matin.

ART. 221. — La consultation est faite par les médecins et chirurgiens adjoints. Ils ont comme aide un interne provisoire ou au moins un externe. Ces élèves sont pris en dehors des services de l'hôpital et spécialement affectés au service de la consultation.

ART. 222. — Il est établi, à l'hôpital de la Conception, une consultation spéciale pour les maladies vénériennes.

Elle a lieu trois fois par semaine, à 10 heures du matin.

Elle est faite par le chef du service des vénériens.

ART. 223. — Des consultations pour maladies spéciales peuvent être établies dans les hôpitaux et dans les hospices par les médecins, chirurgiens et accoucheurs avec l'autorisation de l'Administration.

ART. 224. — Il n'est délivré aucun médicament aux consultations externes, sauf à la consultation des vénériens ; à l'exception des pansements d'urgence, aucun appareil ou objet de pansement ne peut être délivré que sur le vu d'une autorisation de l'Administration.

ART. 225. — Les galeux et les teigneux reçoivent également, aux consultations de l'Hôtel-Dieu, un bon de traitement, sauf les cas spéciaux qui nécessiteraient leur hospitalisation.

CHAPITRE III

Régime alimentaire des Malades

ART. 226. — Le régime alimentaire des hospitalisés a la valeur d'une prescription médicale.

Art. 227. — Seuls les chefs de service ou leurs suppléants ont le droit de faire la prescription alimentaire.

Art. 228. — Il est constitué dans chaque établissement une Commission permanente dite : Commission de l'alimentation. Elle est composée d'un Administrateur délégué à ce service, président ; de deux membres délégués du Corps médical, de l'Agent général et de l'Econome de l'établissement. Elle a pour mission de discuter les améliorations proposées par les chefs de service, la confection des menus, l'exécution par les cuisiniers, etc., etc. Cette Commission se réunit tous les mois.

Art. 229. — Au commencement de chaque semaine l'Econome communiquera pour avis aux médecins de l'Etablissement le menu des repas pour toute la semaine.

Art. 230. — La Commission de l'alimentation aura pour but : 1° d'étudier les modifications à apporter au règlement en ce qui concerne le régime de l'alimentation ; 2° de discuter les améliorations proposées par les chefs de service touchant la confection et l'exécution des menus.

Art. 231. — Il est fait aux hospitalisés trois distributions d'aliments : 1° le petit déjeuner, à 7 heures du matin, sauf pour les entrants de la veille ; 2° le gros déjeuner, à 11 heures du matin : 3° le dîner, à 6 heures du soir.

Art. 232. — Le régime alimentaire de chaque malade est prescrit à chaque visite par le chef de service, et inscrit par l'externe (art. 127) sur le cahier de visite.

Art. 233. — Un tableau concernant la nature, le poids, le nombre et les mesures des aliments sera dressé par la Commission de l'alimentation (art. 228).

Art. 234. — Une liste dressée par le Corps médical sera affichée à l'entrée de chaque salle. Elle indiquera aux parents des malades les aliments et boissons dont l'entrée est interdite. Elle reccmmandera certains aliments non portés au règlement mais qui pourraient constituer un supplément très utile aux convalescents et à certains malades.

CHAPITRE IV

Sainte-Marguerite

Art. 235.—Le personnel de l'hospice Sainte-Marguerite comprend : un médecin chef de service et un médecin adjoint; un pharmacien ; deux internes en médecine, dont un de troisième ou de quatrième année, l'autre pouvant être un provisoire, et un élève externe.

Art. 236. — Le chef de service fait la visite des malades à l'infirmerie, au moins trois fois par semaine. L'adjoint ou l'interne font tous les jours une consultation pour le personnel hospitalisé. Ils signent les billets d'entrée pour les infirmeries.

Cette consultation sera ouverte aux habitants du quartier comme consultation externe. Les malades devront se présenter à cette consultation, munis d'un certificat d'indigence.

Art. 237. — Un service de garde quotidien est fait alternativement par les deux internes.

Art. 238. — Les hospitalisés ayant besoin d'une intervention chirurgicale, sauf les cas de petite chirurgie, sont dirigés sur les services des hôpitaux centraux.

Art. 239. — Le plus ancien interne est chargé de la

direction des appareils, de l'amphithéâtre, du laboratoire et du service de la teigne.

ART. 240. — L'admission des vieillards et incurables
est prononcée par délibération de la Commission
administrative.

A moins de circonstances particulières, les admis-
sions sont faites dans l'ordre du registre d'inscription.

ART. 241. — Les vieillards indigents valides ne peuvent être admis avant l'âge de 70 ans.

Leur indigence et leur domicile de secours à Marseille
doivent être constatés par l'autorité compétente (1).

ART. 242. — Les incurables indigents peuvent être
reçus avant l'âge de 70 ans.

Outre les certificats constatant leur indigence et leur
domicile de secours, ils doivent produire un certificat
d'un médecin ou d'un chirurgien, attestant l'impossi-
bilité où ils sont d'obtenir leur guérison complète et de
travailler pour vivre.

ART. 243. — Les vieillards, incurables et indigents,
n'ayant pas leur domicile de secours à Marseille, sont
admis aux conditions de la loi du 7 août 1851 et de
l'arrêté préfectoral du 8 novembre 1852.

ART. 244. — Les vieillards et infirmes indigents sont
renvoyés de l'hospice, lorsque l'état d'indigence ou
d'infirmité qui avait motivé leur admission vient à
cesser.

Un état trimestriel du médecin de l'établissement
constate l'état des infirmités de tous les incurables
admis.

Le renvoi des vieillards et incurables est prononcé
par délibération de la Commission administrative.

(1) La durée du domicile de secours est fixée comme dans la loi du
24 vendémiaire an II.

CHAPITRE V

Appareils — Amphithéâtres — Laboratoires

APPAREILS

Art. 245. — Dans chaque hôpital, il est établi un arsenal d'instruments de chirurgie et d'appareils. Un chirurgien adjoint est chargé de la direction de ce service. Il a sous ses ordres un conservateur et des aides qui doivent assurer l'entretien, le nettoyage et la stérilisation des instruments. Le conservateur prépare l'instrumentation nécessaire à chaque opération, suivant les indications du chirurgien.

Art. 246. — La signature pour l'achat d'appareils ou d'instruments n'existant pas à l'arsenal est réservée au chef de service. Tout instrument ayant donné lieu à un bon d'achat ou de réparation ne sera reçu qu'après acceptation par le signataire du bon.

Art. 247. — Tous les ans, le chirurgien adjoint, chargé de l'appareil, dresse avec l'Econome de l'hospice, un inventaire dont le double est envoyé à l'Administration.

Art. 248. — L'arsenal de chirurgie est chargé de fournir, sur bons délivrés par les chefs de service, des instruments d'usage courant, destinés à rester dans les salles. Le surveillant de salle a la garde et l'entretien de ces appareils.

AMPHITHÉÂTRE

Art. 249. — Un médecin adjoint est chargé, dans chaque hôpital, de la direction de l'amphithéâtre d'autopsie. Il signe les bons de remplacement et d'entretien de l'outillage. Il a sous ses ordres le garçon d'amphithéâtre.

LABORATOIRE

ART. 250. — Le médecin adjoint chargé de l'amphi-théâtre de la Conception a la direction du laboratoire de cet hôpital. Il signe les bons d'entretien et de rem-placement de l'outillage et des appareils de ce labora-toire. Il a sous ses ordres un garçon de laboratoire.

ART. 251. — Le laboratoire de chaque hôpital est chargé de fournir dans chaque salle, le nécessaire pour les observations pratiques et extemporanées, au lit du malade.

CHAPITRE VI

Vaccination

ART. 252. — Il est constitué, dans chaque établisse-ment, un service de vaccination.

L'interne de porte a, dans ses attributions, les vacci-nations des entrants. Il est tenu de s'enquérir des résul-tats ultérieurs de chaque opération.

Ces vaccinations auront lieu toutes les après-midi, de 3 heures à 6 heures.

Le pharmacien est chargé de tenir du vaccin frais à la disposition de ce service.

Tous les trois mois, l'interne de porte adresse à l'Administrateur de service un rapport sur ces vacci-nations et leur résultat.

Art. 253. — En outre, dans chaque service, le chef, sous sa responsabilité, peut ordonner la revaccination de son personnel.

CHAPITRE VII

Gale et teigne (externes)

ART. 254. -- Les galeux et les teigneux, soignés comme malades externes, auront leurs vêtements désinfectés à chaque séance.

Art. 255. — L'interne de porte est chargé, pendant son trimestre, de la surveillance de ce service.

Art. 256. — Il tient un registre des malades, y consigne ses observations, la durée et l'efficacité du traitement.

Tous les trois mois, il extrait de ce registre un relevé qui est adressé à l'Administrateur de service.

CHAPITRE VIII

Hydrothérapie

Art. 257. — Il est constitué dans chaque établissement un service d'hydrothérapie composé de bains simples et médicamenteux, bains de vapeur, douches chaudes et froides, etc.

Les prescriptions hydrothérapiques sont réservées exclusivement au chef de service ou à son suppléant.

Art. 258. - Chaque malade envoyé au bain ou aux douches sera accompagné d'un infirmier et muni d'une note manuscrite portant indication de l'acte hydrothérapique prescrit.

Art. 259. — L'interne du service a la surveillance des douches ordonnées dans son service.

CHAPITRE IX

Désinfection et hygiène hospitalière

Art. 260. — L'hygiène hospitalière et le service de la désinfection feront l'objet de règlements spéciaux modifiables selon les circonstances, les installations et les progrès de l'hygiène.

Marseille. — Imprimerie Marseillaise, rue Sainte, 39.

www.ingramcontent.com/pod-product-compliance
Lightning Source LLC
Chambersburg PA
CBHW050537210326
41520CB00012B/2619